ZHONGGUOMENG XIN GEYAO

# 中国梦·新歌谣

罗　红　主编

冯仲平　张祖寿　编著

广西民族出版社

**图书在版编目（CIP）数据**

中国梦·新歌谣/罗红主编，冯仲平，张祖寿编著．—
南宁：广西民族出版社，2016.8
ISBN 978-7-5363-7039-5

Ⅰ．①中… Ⅱ．①罗… ②冯… ③张… Ⅲ．①爱国主义教育－中国－青少年读物 Ⅳ．①D647-49

中国版本图书馆CIP数据核字（2016）第034966号

**中国梦·新歌谣**

主　　编：罗　红
编　　著：冯仲平　张祖寿
出 版 人：朱俊杰
责任编辑：徐　美　罗桂鸾　韦秀美　吴柏强　杜　洪
美术编辑：张觉民
责任校对：黄一清　宾伟贤　庞丽明
插　　画：杨春曦　梧　磊
装帧设计：TWSD　陈　卓
责任印制：蓝　锋
出版发行：广西民族出版社
地址：广西南宁市青秀区桂春路3号　邮编：530028
电话：0771-5523243　传真：0771-5523225
制版印刷：广西大华印刷有限公司
经　　销：新华书店
规　　格：787毫米×1092毫米　1/16
印　　张：8
字　　数：50千
版　　次：2016年8月第1版
印　　次：2017年2月第2次印刷
书　　号：ISBN 978-7-5363-7039-5/D·209
定　　价：18.00元
印　　数：6001~18000册

# 序

余心言

很高兴看到《中国梦·新歌谣》在广西民族出版社出版。

广西是民歌之乡。歌仙刘三姐的传说家喻户晓。用歌谣寄托感情，描述生活和劳动，传承历史记忆，倾诉理想和追求，是一种很好的传统。

如今《中国梦·新歌谣》尝试用歌谣的形式向群众特别是广大青少年阐述中国梦的方方面面，是一种有益的努力。

人人都有自己的梦，大家都希望生活幸福、身体健康、学习进步、工作顺利、家庭和谐。中国十三亿个鲜活生动的个人梦想汇集起来，就是中华民族伟大的复兴梦。实现中国梦，个人的梦的实现才有保障。百余年来，一代又一代中国人为实现中国梦，流血牺牲，艰苦奋斗，不断探索，克服一个又一个困难，取得一个又一个胜利。党的十八大提出了“两个一百年”的奋斗目标：在中国共产党成立一百年时，全面建成小康社会；在新中国成立一百年时，建成富强民主文明和谐的社会主义现代化国家。这是生在这个时代的少年的幸福，也是他们肩负的重任。他们理当对实现中国梦的历史、现状和未来有更多的了解。

看得出来，本书的作者做了相当的努力，尽量使许多重要的内容通俗易懂，尽可能押韵上口，让读者容易记忆。这也是中国蒙学读物的好传统。当然这样的努力不容易做到一下子完善，还需要在使用过程中广泛听取意见，不断磨合、修订。这也是过去成功的蒙学读物走过的路。

和中国梦相关的内容太多了，一本通俗的小书不可能讲得全。但是作为启蒙，应用在学校的思想教育活动或者读书活动中理应是有益的。书中注意留有许多拓展内容的线索，对老师或家长进行辅导应该是有帮助的。

中国梦是整个中华民族的梦，也是每个中国人的梦。学习有关中国梦的内容最好把自己摆进去，想一想我能为实现中国梦做什么，或还需要做哪些准备，做哪些努力。毕竟这是当代中国最伟大的实践，是展现自己力量和聪明才智最重要的舞台。把个人的奋斗融入整个民族的伟大实践中，一定能使青春的光辉得到最好的展现。希望在运用本书开展有关的教育活动时，能够注意到这一点。

# 目　录

# 序歌

斗转星辰移，混沌开洪荒，
劳动进化猿成人，万物出灵长。
造石器，猎虎狼，铸青铜，冶铁枪，
文明之光薪火传，梦想复梦想。
嫦娥奔月亮，夸父追太阳，
愚公移山感天帝，精卫填海洋。
思海晏，忧河殇，求大同，盼小康，
沧海桑田万千年，有梦祚运长。
秦皇大一统，汉武固边疆，
昭君文成入蒙藏，万邦朝盛唐。
丝路远，长城长，瓷精美，茶飘香，
四大发明传天下，逐梦创辉煌。
几度潜龙出林泉，一朝醒狮啸高冈。
生生不息中国梦，千秋独步颂声扬。

斗转星辰移，混沌开洪荒①，

劳动进化猿成人，万物出灵长。

造石器，猎虎狼，铸青铜，冶铁枪，

文明之光薪火传，梦想复梦想。

①斗（dǒu）转星辰移，混沌（hùndùn）开洪荒：北斗转了方向，星辰移了位置，宇宙打破混沌蒙昧的状态。表示时序变迁，岁月流逝。斗：北斗星。混沌：我国传说中指宇宙形成以前模糊一团的景象。洪荒：混沌蒙昧的状态，借指太古时代。

嫦娥奔月亮，夸父追太阳，

愚公移山感天帝，精卫填海洋。

思海晏[1]，忧河殇[2]，求大同，盼小康[3]，

沧海桑田[4]万千年，有梦祚[5]运长。

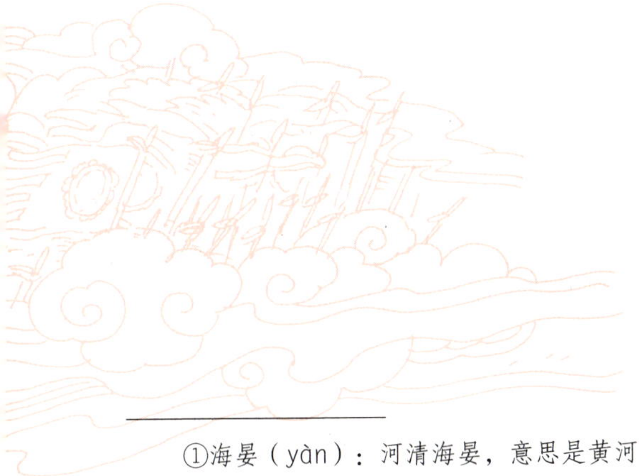

①海晏（yàn）：河清海晏，意思是黄河的水清了，大海也平静了。用来形容天下太平。也说海晏河清。唐代郑锡《日中有王字赋》亦有“河清海晏，时和岁丰”句。元代洪希文《朱千户自京归》诗：“海晏河清予日望，与君同作太平人。”晏：平静。

②河殇（shāng）：这里指中华民族遭受的深重苦难和危机。

③小康：经济比较宽裕。宋代洪迈《夷坚甲志·五郎君》：“然久困于穷，冀以小康。”今亦指人们的物质文化生活达到比较富裕即中等水平的一种生活状况。

④沧海桑田：大海变成农田，农田变成大海。形容世事变化很大。也说桑田沧海。沧海：大海（因水深而呈青绿色）。桑田：种桑树的田地，泛指田地、田野。

⑤祚（zuò）：福。

秦皇大一统，汉武固边疆，

昭君文成入蒙藏，万邦朝盛唐。

丝路远，长城长，瓷精美，茶飘香，

四大发明[1]传天下，逐梦创辉煌。

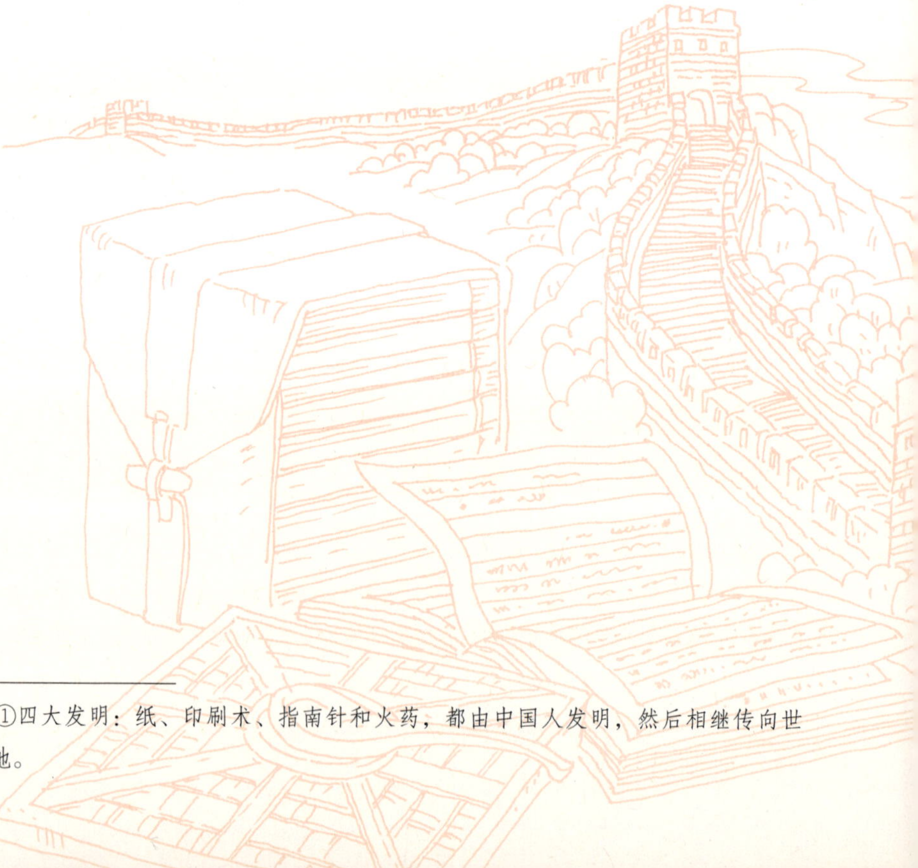

①四大发明：纸、印刷术、指南针和火药，都由中国人发明，然后相继传向世界各地。

几度潜龙出林泉，
一朝醒狮[1]啸高冈。
生生不息中国梦，
千秋独步颂声扬。

①醒狮：引自国家主席习近平于2014年3月27日在法国巴黎出席中法建交50周年纪念大会上的“醒狮论”——“拿破仑说过，中国是一头沉睡的狮子，当这头睡狮醒来时，世界都会为之发抖。中国这头狮子已经醒了，但这是一只和平的、可亲的、文明的狮子”。

中

# 中国梦

虎门销烟起，列强如虎狼，
仁人志士抛头颅，热血空满腔。
洋务衰，天国亡，变法败，路彷徨。
革命先驱孙中山，挥泪扬子江。
五四救亡激，十月炮声响，
马列主义传中国，锤镰战旗扬。
毛泽东，上井冈；邓小平，再领航。
继往开来十八大，重绘新梦想。
扬鞭马蹄疾，征程号角响，
“四个全面”治国策，复兴有希望。
抓改革，立法治，严治党，建小康。
民主文明促和谐，祖国更富强。
红日初升道大光，河出伏流泻汪洋。
非虚非幻非仙境，人间天堂我故乡。

虎门销烟[1]起，列强如虎狼，

仁人志士抛头颅，热血空满腔。

洋务衰[2]，天国亡[3]，变法败[4]，路彷徨。

革命先驱孙中山，挥泪扬子江。[5]

---

①虎门销烟：指1839年清朝钦差大臣林则徐在广东虎门集中销毁鸦片的历史事件。

②洋务衰：指同治、光绪年间清政府进行的与资本主义有密切联系的军事、政治、经济、文化教育、外交等方面的活动，即洋务运动。该运动持续了三十多年，最后，“自强”“求富”的目标未能实现，洋务运动失败。

③天国亡：指1851年1月11日至1864年，由洪秀全领导的一场大规模农民起义，即太平天国运动。1864年，太平天国运动失败。

④变法败：指1898年6月11日—9月21日以康有为为首的改良主义者通过光绪皇帝所进行的资产阶级政治改革，即戊戌变法，也叫戊戌维新，旧称百日维新。该变法以失败告终。

⑤革命先驱孙中山，挥泪扬子江：1911年至1912年初，一场旨在推翻清朝封建统治、建立共和政体的革命运动爆发，即辛亥革命。辛亥革命是中国资产阶级民主主义革命，推翻了清王朝的专制统治，结束了中国两千多年的封建君主专制制度。由于资产阶级的妥协退让，革命果实被北洋军阀袁世凯所篡夺。此前，孙中山曾指出：“扬子江流域将成为中国革命必争之地。”

五四救亡激，十月炮声响，

马列主义传中国，锤镰战旗①扬。

毛泽东，上井冈；邓小平，再领航。

继往开来十八大，重绘新梦想。

①锤镰战旗：指中国共产党党旗。

扬鞭马蹄疾，征程号角响，

“四个全面”①治国策，复兴有希望。

抓改革，立法治，严治党，建小康。

民主文明促和谐，祖国更富强。②

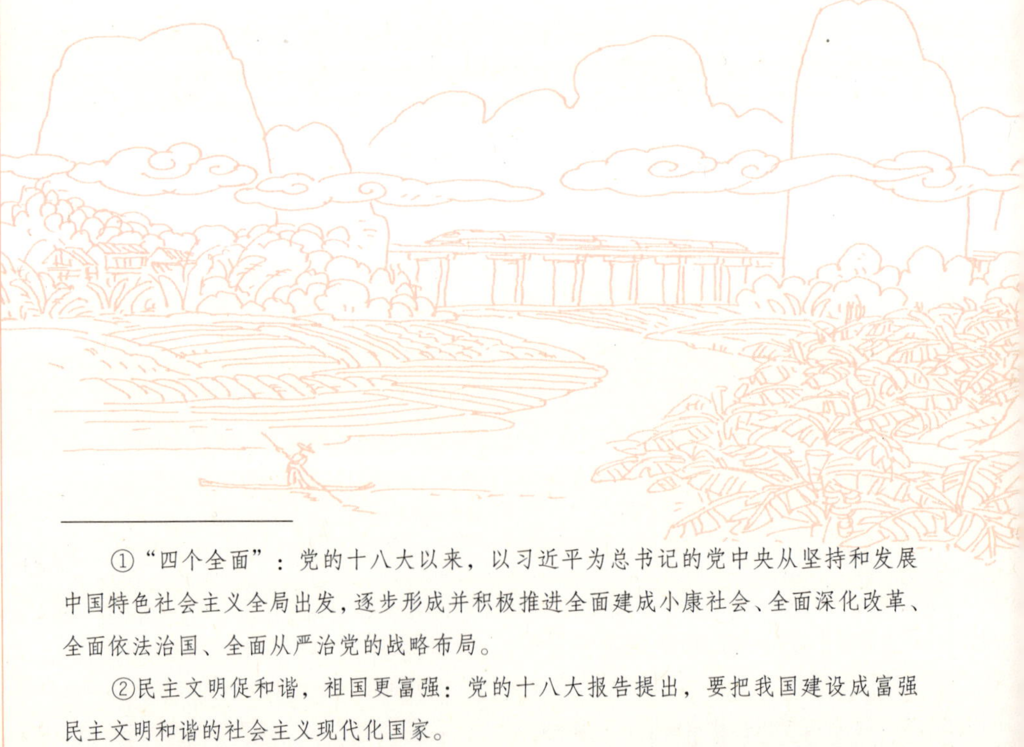

①“四个全面”：党的十八大以来，以习近平为总书记的党中央从坚持和发展中国特色社会主义全局出发，逐步形成并积极推进全面建成小康社会、全面深化改革、全面依法治国、全面从严治党的战略布局。

②民主文明促和谐，祖国更富强：党的十八大报告提出，要把我国建设成富强民主文明和谐的社会主义现代化国家。

红日初升道大光，

河出伏流泻汪洋。①

非虚非幻非仙境，

人间天堂我故乡。

①红日初升道大光，河出伏流泻汪洋：语出梁启超《少年中国说》的“红日初升，其道大光；河出伏流，一泻汪洋”。意思是旭日东升，阳光洒在大道上，光芒万丈，黄河之水从积石塞壁中涌出，奔腾千里，势不可当。

# 国家富强

国有金银库，家有米粮仓，
风吹草低见牛羊，遍野稻花香。
生产力，大解放，丰收果，共分享。
成由勤俭败由奢，富裕万代长。
几度出盛世，几度见衰亡，
和平发展两主题，历史不能忘。
经济兴，文化昌，政治明，科技强。
“两弹一星”壮国威，航母护海疆。
富是强基础，强是富保障，
改革复兴大中华，崛起更开放。
谋发展，可持续，勇创新，动力强。
“一带一路”展双翼，飞山越重洋。
积贫积弱百年恨，浴火重生金凤凰。
踏平坎坷成大道，催征战鼓正铿锵。

国有金银库，家有米粮仓，

风吹草低见牛羊，遍野稻花香。

生产力，大解放，丰收果，共分享。

成由勤俭败由奢，富裕万代长。

几度出盛世，几度见①衰亡，

和平发展两主题，历史不能忘。

经济兴，文化昌，政治明，科技强。

“两弹一星”②壮国威，航母护海疆。

①见（xiàn）：显现，显露。

②“两弹一星”：一般指核弹、导弹和人造卫星，这里指中国在科技发展、高等教育、人才培养等领域取得的成就，是“两弹一星”精神。

富是强基础，强是富保障，

改革复兴大中华，崛起更开放。

谋发展，可持续，勇创新，动力强。

“一带一路”[1]展双翼，飞山越重洋。

① “一带一路”：指丝绸之路经济带和21世纪海上丝绸之路的简称。

积贫积弱百年恨，

浴火重生金凤凰[1]。

踏平坎坷成大道，

催征战鼓正铿锵。

①浴火重生金凤凰：凤凰经历烈火焚烧的煎熬和痛苦考验而获得重生并实现升华，称为“凤凰涅槃”。寓意指不畏痛苦、义无反顾、不断追求、提升自我的执着精神。

# 民族振兴

一脉承炎黄，九州为一家，
浩浩百川归大海，泱泱大中华。
唐人街，方块字，黄皮肤，黑头发，
天山飞雪东海浪，五十六枝花。
毁家纾国难，洒血沃芳华，
光前裕后耀史册，英雄传佳话。
同呼吸，共命运，振家邦，和天下，
血浓于水连海峡，共绘新图画。
合作欧美澳，共赢亚非拉，
亿斯万人同追梦，携手再出发。
高科技，软实力，思想新，道德佳，
民族振兴人为本，全面现代化。
世界民族竞争雄，大国崛起看中华。
自古英雄出少年，少年强大国强大。

一脉承炎黄，九州为一家，

浩浩百川归大海，泱泱[1]大中华。

唐人街，方块字，黄皮肤，黑头发，

天山飞雪东海浪，五十六枝花。

①泱泱（yāngyāng）：形容气魄宏大。

毁家纾①国难，洒血沃芳华②，

光前裕后③耀史册，英雄传佳话。

同呼吸，共命运，振家邦，和天下，

血浓于水连海峡，共绘新图画。

①纾（shū）：解除。

②洒血沃芳华：出自鲁迅《无题》“血沃中原肥劲草，寒凝大地发春华”。意思是热血滋润了肥沃的大地，能够使强劲的草长得更肥壮；冬天的寒冷凝固了大地，却能够使春天的植物长得更茂盛。意指恶劣的社会环境不能使有志之士惧怕，反而能够激励仁人志士为革命理想努力奋斗，显示了作者对中国人民必胜的信心。

③光前裕后：给前人增光，为后代造福（多用来称颂别人的功业）。

合作欧美澳，共赢亚非拉[1]，

亿斯[2]万人同追梦，携手再出发。

高科技，软实力，思想新，道德佳，

民族振兴人为本，全面现代化。

①合作欧美澳，共赢亚非拉：指全球性、全天候的国际合作。

②亿斯：指亿万斯年，形容无限长远的年代。

世界民族竞争雄，

大国崛起看中华。

自古英雄出少年，

少年强大国强大。

# 人民幸福

古老龙传人，世代寻乐土，
人人争圆中国梦，孜孜求幸福。
自由人，平等权，公正心，法治路，
“两个百年”展宏图，当惊世界殊。
户户皆和谐，家家均富足，
盈耳安居乐业歌，无有饥寒哭。
佼佼者，有建树，弱势者，有关顾，
民生日益得改善，长寿赛彭祖。
权益有保障，尊严得维护，
共享机会同出彩，发展有通途。
起跑线，齐迈步，有竞争，无特殊，
人尽其才皆翘楚，和谐全民族。
坐等镜花水中月，立行复兴脚下路。
何须幻想蓬莱境，人间自有齐天福。

# 和谐社会

古老龙传人，世代寻乐土，

人人争圆中国梦，孜孜[1]求幸福。

自由人，平等权，公正心，法治路，

“两个百年”[2]展宏图，当惊世界殊[3]。

①孜孜（zīzī）：勤勉。

②“两个百年”：党的十八大明确提出了“两个一百年”的奋斗目标，即在中国共产党成立一百年时，全面建成小康社会；在新中国成立一百年时，建成富强民主文明和谐的社会主义现代化国家。

③当惊世界殊：出自毛泽东词《水调歌头·游泳》“神女应无恙，当惊世界殊”。意思是巫山上的神女应该还健在如故吧，当她看到这种奇特的景象，肯定会惊叹世界的变化真是太大了。

户户皆和谐，家家均富足，

盈耳安居乐业歌，无有饥寒哭。

佼佼[1]者，有建树，弱势者，有关顾，

民生日益得改善，长寿赛彭祖[2]。

①佼佼：胜过一般水平的。

②彭祖：中国传说故事中的人物，以享寿七百六十七岁（一说八百多岁）著称。

权益有保障，尊严得维护，

共享机会同出彩，发展有通途。

起跑线，齐迈步，有竞争，无特殊，

人尽其才皆翘楚[1]，和谐全民族。

①翘楚（qiáochǔ）：原指高出杂树丛的荆树，后用来比喻杰出的人才。

坐等镜花水中月，
立行复兴脚下路。
何须幻想蓬莱境，
人间自有齐天福。

CRH

# 中国道路

修远路曼曼，探索步履艰，
中国道路增自信，光明在眼前。
走老路，阻天堑；走邪路，堕深渊，
中国特色金光道，一步一重天。
改革和开放，历史开新篇，
立足国情抓中心，坚持基本点。
新理论，新实践，新制度，新纪元，
“五位一体”总布局，美好在明天。
“一带”和“一路”，陆海双构建，
亲诚惠容和为贵，战略目光远。
好时光，莫等闲，万年久，朝夕间，
独立自主排干扰，克难再攻坚。
上下求索千百年，山重水复见平川。
义无反顾行正道，中国梦想终能圆。

修远路曼曼，探索步履艰，

中国道路增自信，光明在眼前。

走老路，阻天堑；走邪路，堕深渊，

中国特色金光道，一步一重天。

改革和开放，历史开新篇，

立足国情抓中心，坚持基本点。①

新理论，新实践，新制度，新纪元，

“五位一体”②总布局，美好在明天。

①立足国情抓中心，坚持基本点：“一个中心”，指以经济建设为中心；“两个基本点”，指坚持四项基本原则，坚持改革开放。“一个中心，两个基本点”是党的基本路线的核心内容，1987年中国共产党第十三次全国代表大会做出这一概括。

②“五位一体”：党的十八大报告对推进中国特色社会主义事业做出“五位一体”总体布局，即经济建设、政治建设、文化建设、社会建设、生态文明建设——着眼于全面建成小康社会，实现社会主义现代化和中华民族的伟大复兴。

“一带”和“一路”，陆海双构建，
亲诚惠容①和为贵，战略目光远。
好时光，莫等闲，万年久，朝夕间，
独立自主排干扰，克难再攻坚。

①亲诚惠容：“亲”“诚”“惠”“容”四字箴言，是以习近平为总书记的党中央着眼于中国同周边国家关系新发展提出的重要理念。亲，即坚持睦邻友好，守望相助，多走动，多做得人心、暖人心的事，增强亲和力、感召力、影响力；诚，即诚心诚意对待周边国家，争取更多朋友和伙伴；惠，即本着互惠互利的原则同周边国家开展合作，把双方利益融合提升到更高水平，让周边国家得益于我国发展，使我国同时从周边国家共同发展中获得裨益和助力；容，即倡导包容的思想，以更加开放的胸襟和更加积极的态度促进地区合作。

上下求索千百年，

山重水复见平川。

义无反顾行正道，

中国梦想终能圆。

人民英雄永垂不朽

# 中国精神

星火可燎原，铁杵磨成针，
摘星揽月梦成真，人贵有精神。
英雄气，赤子心，感天地，泣鬼神，
激发超强正能量，凝聚兴国魂。
民族有精神，爱国为核心，
多少中华好儿女，取义而成仁。
重团结，爱和平，尚勇敢，劳作勤，
自强不息天行健，朗朗照乾坤。
时代有精神，务实而求真，
解放思想创伟业，与时俱奋进。
新机遇，大国运，世界梦，中国心，
驱动发展激活力，改革更创新。
四大古国今何在，华夏文明一脉承，
黄钟大吕犹回响，吾侪再奏最强音。

星火可燎原，铁杵磨成针，

摘星揽月梦成真，人贵有精神。

英雄气，赤子心，感天地，泣鬼神，

激发超强正能量，凝聚兴国魂。

民族有精神，爱国为核心，

多少中华好儿女，取义而成仁。

重团结，爱和平，尚勇敢，劳作勤，

自强不息天行健①，朗朗照乾坤。

①自强不息天行健：出自《易·乾》“天行健，君子以自强不息”。意思是指天（即自然）的运动刚强劲健，君子处世也应效法天的精神，积极进取，追求进步，刚毅坚卓，发愤图强，永不停息。

时代有精神，务实而求真，

解放思想创伟业，与时俱奋进。

新机遇，大国运，世界梦，中国心，

驱动发展激活力，改革更创新。①

①驱动发展激活力，改革更创新：党的十八大明确提出“科技创新是提高社会生产力和综合国力的战略支撑，必须摆在国家发展全局的核心位置”，强调“要坚持走中国特色自主创新道路”，实施创新驱动发展战略。

四大古国①今何在，

华夏文明一脉承，

黄钟大吕②犹回响，

吾侪③再奏最强音。

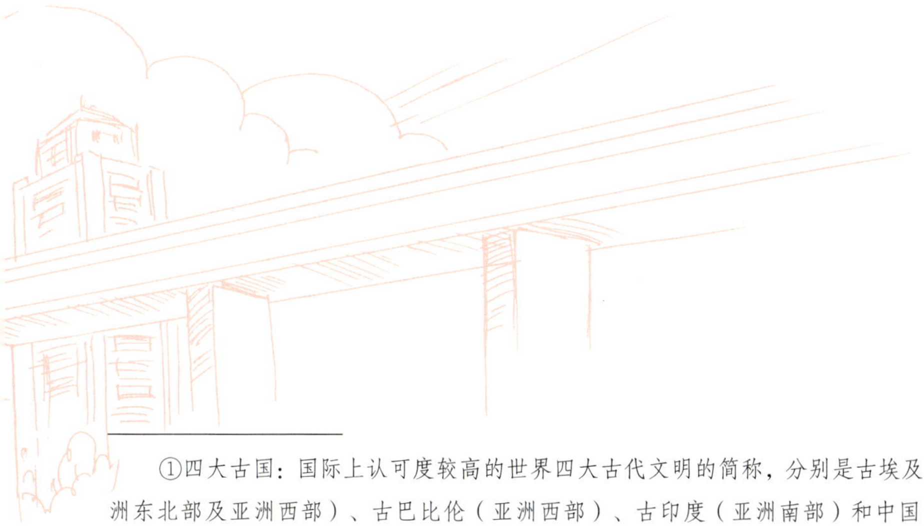

①四大古国：国际上认可度较高的世界四大古代文明的简称，分别是古埃及（非洲东北部及亚洲西部）、古巴比伦（亚洲西部）、古印度（亚洲南部）和中国（亚洲东部）。四大文明古国实际上对应着世界四大文明发源地，分别指两河（底格里斯河和幼发拉底河）流域、古埃及、古印度和中国四个大型人类文明最早诞生的地区。

②黄钟大吕：典出《周礼·春官·宗伯第三·大司乐》“乃奏黄钟，歌大吕，舞云门，以祀天神”。黄钟，我国古代音韵十二律中的第一律；大吕，十二律中的第二律。后以“黄钟大吕”形容音乐或言辞庄严、正大、高妙、和谐。

③侪（chái）：同辈，同类的人。

16

# 中国力量

风起云飞扬，日出万物长，
龙腾虎跃凤翱翔，千骑卷平冈。
大目标，新理想，有自信，动力强，
特色理论指航程，踏平万里浪。
五十六民族，东西南北方，
举世华人同携手，复兴铸辉煌。
聚民心，集民智，汇民力，孚民望，
民意如水载巨轮，紧跟共产党。
积土为山岳，汇流成汪洋，
我与祖国同出彩，日月共增光。
小树苗，大栋梁，有分热，发分光。
百业兴旺待创客，祖国更富强。
国家分裂百姓苦，民族团结国力壮，
十三亿人共一呼，排山倒海不可挡。

UN

风起云飞扬[1]，日出万物长，

龙腾虎跃凤翱翔，千骑卷平冈。

大目标，新理想，有自信，动力强，

特色理论指航程，踏平万里浪。

①风起云飞扬：出自刘邦《大风歌》“大风起兮云飞扬，威加海内兮归故乡，安得猛士兮守四方”句，是刘邦对自己往昔戎马生涯的追忆。这里取其大风骤起、云彩飞扬之意，表达一种气壮山河、风起云涌的气势。

五十六民族，东西南北方，

举世华人同携手，复兴铸辉煌。

聚民心，集民智，汇民力，孚民望，

民意如水载巨轮[1]，紧跟共产党。

①民意如水载巨轮：比喻民意如水不可违，如顺应民意巨轮即可顺利前行。民意指人民共同的意见和愿望。

积土为山岳，汇流成汪洋，

我与祖国同出彩[1]，日月共增光。

小树苗，大栋梁，有分热，发分光[2]。

百业兴旺待创客[3]，祖国更富强。

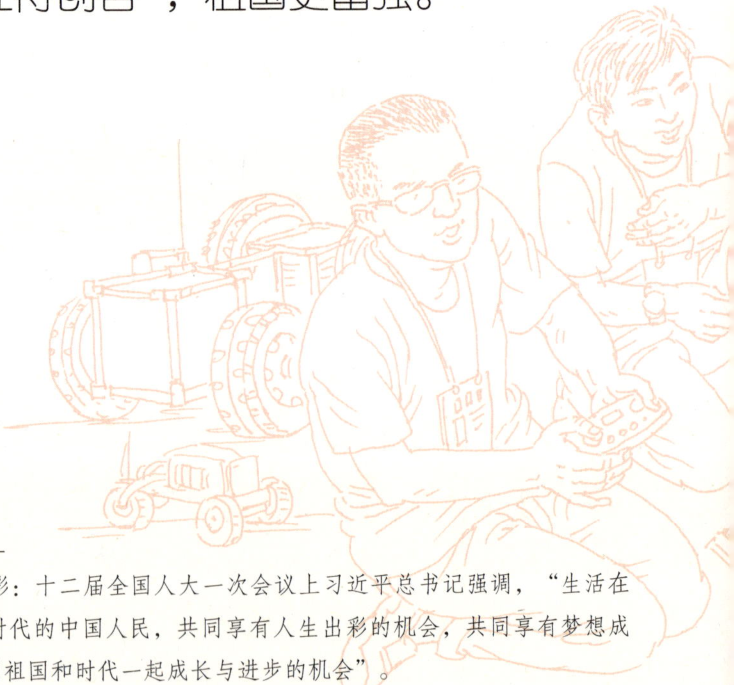

①我与祖国同出彩：十二届全国人大一次会议上习近平总书记强调，“生活在我们伟大祖国和伟大时代的中国人民，共同享有人生出彩的机会，共同享有梦想成真的机会，共同享有同祖国和时代一起成长与进步的机会”。

②有分（fēn）热，发分（fēn）光：分，一个整体划分成十部分，每一部分为一分，多用于抽象事物。鲁迅《热风》所录杂文中有“有一分热，发一分光，就令萤火一般，也可以在黑暗里发一点光，不必等候炬火”句。

③创客：指勇于创新，努力将自己的创意变为现实的人。

国家分裂百姓苦，

民族团结国力壮，

十三亿人共一呼，

排山倒海不可挡。

# 经济建设

发展硬道理，经济为中心，
资源市场来配置，规律须遵循。
政府引，法治保，讲平等，守诚信，
无论国企与民企，竞争都公平。
城乡一体化，工农互促进，
改革开放并步走，驱动靠创新。
抓投资，促消费，争出口，三驾行，
立足质量和效益，发展更强劲。
科学发展观，统筹和统领，
发展不论东中西，成果惠全民。
转方式，调结构，稳增长，蓄后劲，
经济发展新常态，和谐瑟与琴。
民富国强百年梦，经济建设是根本，
万丈高楼平地起，我做添砖加瓦人。

发展硬道理，经济为中心，

资源市场来配置，规律须遵循。

政府引①，法治保，讲平等，守诚信，

无论国企与民企，竞争都公平。

①政府引：政府引导。

城乡一体化，工农互促进，

改革开放并步走，驱动靠创新。

抓投资，促消费，争出口，三驾行，

立足质量和效益，发展更强劲。

科学发展观①，统筹和统领，

发展不论东中西，成果惠全民。

转方式，调结构，稳增长，蓄后劲，

经济发展新常态②，和谐瑟与琴。

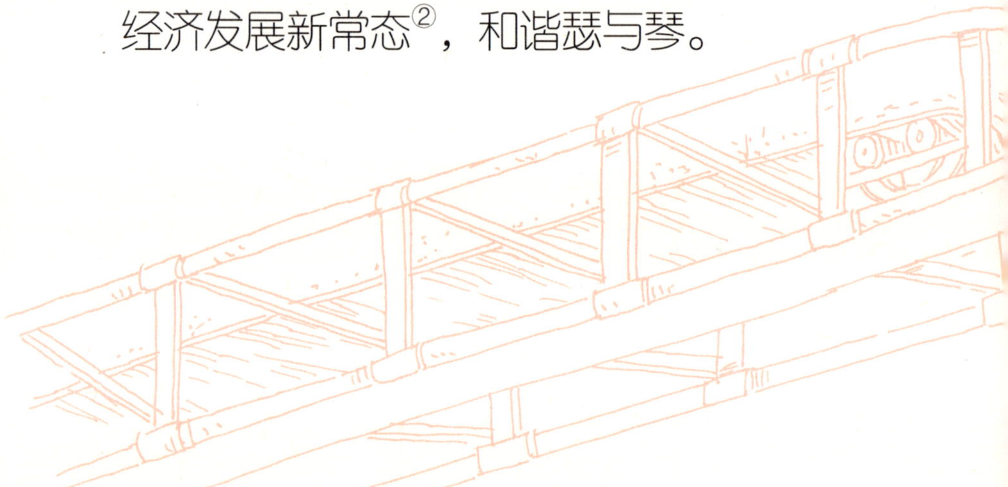

①科学发展观：指以发展为第一要义、以人为本为核心、全面协调可持续为基本要求、统筹兼顾为根本方法的科学理论。

②新常态：2014年5月，习近平总书记考察河南时第一次提及“新常态”——“我国发展仍处于重要战略机遇期，我们要增强信心，从当前我国经济发展的阶段性特征出发，适应新常态，保持战略上的平常心态”。“新”就是“有异于旧质”，“常态”就是正常的状态。新常态就是不同以往的、相对稳定的状态。这是一种不可逆的发展态势，意味着中国经济已进入一个与过去三十多年高速增长期不同的新阶段。

民富国强百年梦，

经济建设是根本，

万丈高楼平地起，

我做添砖加瓦人。

# 政治建设

政通人和美，风清气象明，
人民民主旗帜扬，权力归百姓。
党领导，不动摇，民做主，更坚定。
依法治国相统一，共促大复兴。
实践鉴真理，成功鼓干劲，
中国共识民所向，传响集结令。
人代会，行权力，协商制，纳民情。
基层民主自治权，调动积极性。
庶人有法护，大夫可上刑，
法律面前皆平等，公权勿侵凌。
打“老虎”，拍“苍蝇”，“利剑”悬，警钟鸣。
守法无论民与官，国安人太平。
公开公正与公平，权力阳光下运行。
中国人走中国路，中国政治更文明。

政通人和美，风清气象明，

人民民主旗帜扬，权力归百姓。

党领导，不动摇，民做主，更坚定。

依法治国相统一，共促大复兴。

实践鉴真理，成功鼓干劲，

中国共识[①]民所向，传响集结令。

人代会，行权力，协商制，纳民情。[②]

基层民主[③]自治权，调动积极性。

---

①中国共识：指对中国社会、政治、经济发展方向和道路的共识，对引领中国发展方向和道路之“载体”，即“中国模式”的共识。

②人代会，行权力，协商制，纳民情：人民代表大会制度是中国人民民主专政的政权组织形式，是我国的根本政治制度。中华人民共和国的一切权力属于人民。人民行使国家权力的机关是全国人民代表大会和地方各级人民代表大会。中国人民政治协商会议是中国人民爱国统一战线的组织；是中国共产党领导的各党派团体和各族各界代表人士进行政治协商、民主监督、参政议政的机构；是中国政治生活中发扬社会主义民主的重要形式；是中国政治体制的重要组成部分，在国家政治生活中具有不可替代的作用。

③基层民主：指我国广大工人、农民、知识分子和各阶层人士，在城乡基层政权机关、企事业单位和基层自治组织中依法直接行使民主，包括政治民主、经济民主、文化民主、教育民主等，涉及社会生活的各个方面。其特点是公民参与的广泛性与直接性。是人民当家做主，进行自我管理的一种重要形式，也是社会主义民主政治的广泛深入的重要实践。

庶人有法护，大夫可上刑[①]，

法律面前皆平等，公权勿侵凌。

打“老虎”，拍“苍蝇”，

“利剑”悬，警钟鸣。

守法无论民与官，国安人太平。

①庶人有法护，大夫可上刑：指在法律面前每个人的权利和义务完全平等。庶人，百姓。大夫，古代官职，位于卿之下，士之上。这里泛指官员、权贵。

公开公正与公平，

权力阳光下运行。

中国人走中国路，

中国政治更文明。

# 文化建设

文化中国芯，文化民族魂。
春雨润物细无声，塑我龙传人。
领风尚，育新人，促发展，多功能。
服务社会与人民，文明风气新。
事业大发展，产业更繁荣，
事业产业比翼飞，双轮同推进。
价值观，为核心，高素质，好公民，
全面提升软实力，传播好产品。
源远而流长，博大又精深，
展示中国新形象，华语天下闻。
民族风，大国派，国际范，中华情，
中国故事中国人，可信又可亲。
“二为”方向“三贴近”，百花齐放百家鸣。
天下点赞我华夏，礼仪之邦焕然新。

文化中国芯[1]，文化民族魂。

春雨润物细无声，塑我龙传人。

领风尚，育新人，促发展，多功能。

服务社会与人民，文明风气新。

①芯：芯片。这里比喻为核心，也指中国科技正向高水平发展。

事业大发展，产业更繁荣，

事业产业比翼飞，双轮同推进。

价值观，为核心，高素质，好公民，

全面提升软实力，传播好产品。

源远而流长，博大又精深，

展示中国新形象，华语天下闻。

民族风，大国派，国际范，中华情，

中国故事中国人，可信又可亲。

“二为”方向“三贴近”①，

百花齐放百家鸣②。

天下点赞我华夏，

礼仪之邦焕然新。

①“二为”方向“三贴近”：“二为”方向即为人民服务，为社会主义服务；“三贴近”原则即贴近实际，贴近生活，贴近群众。

②百花齐放百家鸣：指百花齐放，百家争鸣的“双百”方针。

# 社会建设

人之初群居，氏族渐分离，
部落征战几分合，国家始确立。
建制度，兴礼仪，制法律，分等级，
历尽沧桑千万年，新中国成立。
我党重民生，为民谋福利。
政府主导办实事，全社会参与。
学有教，病有医，劳有得，住有居，
鳏寡孤独有惠顾，发展享权益。
服务城与乡，运转可持续，
公共服务网络化，管理成体系。
权分明，责清晰，建体制，立法律，
太平盛世乐融融，勃勃见生机。
社会文明国运昌，生活美满民心系，
不羡鸳鸯不羡仙，我有理想新天地。

建设文明小区
综合服务

人之初群居，氏族渐分离，

部落征战几分合，国家始确立。

建制度，兴礼仪，制法律，分等级，

历尽沧桑千万年，新中国成立。

我党重民生，为民谋福利。

政府主导办实事，全社会参与。

学有教，病有医，劳有得，住有居，

鳏寡孤独[1]有惠顾，发展享权益。

①鳏寡孤独（guān-guǎ-gū-dú）：泛指没有或丧失劳动力而又无依无靠的人。鳏：无妻或丧妻的男子。寡：死了丈夫的妇女。

服务城与乡，运转可持续，

公共服务网络化，管理成体系。

权分明，责清晰，建体制，立法律，

太平盛世乐融融，勃勃见生机。

社会文明国运昌，

生活美满民心系，

不羡鸳鸯不羡仙，

我有理想新天地。

# 生态文明建设

造化生万物，人活天地间，
一方水土一方人，生命共绵延。
大自然，多贡献，山退化，水污染，
资源紧缺被掠夺，持续发展难。
天人本合一，奈何自相残。
尊重顺应和保护，回馈大自然。
少索取，多循环，重节约，要低碳，
美丽中国好风景，科学生态观。
有节循大道，无私天地宽，
人与自然和社会，和谐共发展。
低投入，高产出，用有度，无污染，
生态建设树人格，行为守规范。
自然修复留空间，多给农业留良田，
美好家园留子孙，地绿水净天蓝蓝。

造化[1]生万物，人活天地间，

一方水土一方人，生命共绵延。

大自然，多贡献，山退化，水污染，

资源紧缺被掠夺，持续发展难。

①造化：自然界的创造者，也指大自然。

天人本合一，奈何自相残。①

尊重顺应和保护②，回馈大自然。

少索取，多循环③，重节约，要低碳④，

美丽中国好风景，科学生态观。

①天人本合一，奈何自相残：指人和大自然相互依存，但是大自然却不断地遭到人类的破坏。

②尊重顺应和保护：党的十八大报告指出“面对资源约束趋紧、环境污染严重、生态系统退化的严峻形势，必须树立尊重自然、顺应自然、保护自然的生态文明理念”。

③多循环：党的十八大报告明确强调，要树立尊重自然、顺应自然、保护自然的生态文明理念，贯彻落实科学发展观，坚持节约资源和保护环境的基本国策，实施可持续发展战略，着力推进绿色发展、循环发展、低碳发展。

④要低碳：指较低的温室气体（二氧化碳为主）排放，旨在倡导以一种低能耗、低污染、低排放为基础的经济模式。

有节循大道，无私天地宽①，

人与自然和社会，和谐共发展。

低投入，高产出，用有度，无污染，

生态建设树人格，行为守规范。

①有节循大道，无私天地宽：意指按照规矩无私地做人办事，就会感觉道路宽广，心胸开阔。

自然修复留空间[1]，

多给农业留良田，

美好家园留子孙，

地绿水净天蓝蓝。

①自然修复留空间：习近平在2013年5月24日中共中央政治局第六次集体学习时强调，“要按照人口资源环境相均衡、经济社会生态效益相统一的原则，整体谋划国土空间开发，科学布局生产空间、生活空间、生态空间，给自然留下更多修复空间”。

# 中国梦与世界梦

崎岖望坦荡，长夜盼曙光，
雄关漫道真如铁，正道是沧桑。
争独立，求解放，谋幸福，盼富强，
乘风破浪会有时，实干可兴邦。
放眼观天下，风云正激荡，
构建国际新秩序，瞩目新东方。
世界潮，浩荡荡，顺者昌，逆者亡。
鸣笛起航中国号，波撼四大洋。
雄鸡一声唱，寰宇沐朝阳，
自信世界是平的，云涌待鹰扬。
共和平，同发展，谋合作，求共赢，
我和世界梦相通，中国有担当。
大国崛起不称霸，小国奋进为图强，
求同存异相携手，人类命运共交响。

中国航天

崎岖望坦荡，长夜盼曙光，

雄关漫道真如铁，正道是沧桑。①

争独立，求解放，谋幸福，盼富强，

乘风破浪会有时②，实干可兴邦。

①雄关漫道真如铁，正道是沧桑：前句语出毛泽东词《忆秦娥·娄山关》，其中有“雄关漫道真如铁，而今迈步从头越”句；后句语出毛泽东的七律诗《人民解放军占领南京》，其末句是“天若有情天亦老，人间正道是沧桑”。比喻革命虽艰难曲折却最终夺取胜利。

②乘风破浪会有时：语出李白诗《行路难》“长风破浪会有时，直挂云帆济沧海”句。意思是坚信总有实现理想、施展抱负的机会。

放眼观天下，风云正激荡，

构建国际新秩序，瞩目新东方。

世界潮，浩荡荡，顺者昌，逆者亡。

鸣笛起航中国号，波撼四大洋。

雄鸡一声唱，寰宇沐朝阳，

自信世界是平的①，云涌待鹰扬②。

共和平，同发展，谋合作，求共赢，

我和世界梦相通，中国有担当。

①世界是平的：美国托马斯·弗里德曼著有《世界是平的：21 世纪简史》一书，书中分析了 21 世纪初期全球化的过程，提出了全球化正在抹平一切疆界，世界变平了的论题。

②鹰扬：语出《诗经·大雅·大明》“维师尚父，时维鹰扬”句。意指大展雄才。

大国崛起不称霸，

小国奋进为图强，

求同存异[1]相携手，

人类命运共交响。

①求同存异：找出共同点，保留不同点。

# 新憧憬

今古史为鉴，观照论废兴。
巨龙一飞冲九霄，吟动满天云。
耻辱恨，一洗清，路畅通，方向明，
全面小康现代化，满怀新憧憬。
天下为己任，常怀赤子心。
万里山河一肩挑，击鼓振三军。
大时代，新使命，立潮头，搏风云，
国家民族和个人，一体万事兴。
历史新纪元，千里足下行。
振奋精气神，辉耀日月星。
路漫长，心恒定，锲不舍，步莫停，
自强不息勇者胜，有志事竟成。
鲲鹏扶摇九万里，击水三千励人生。
挥洒热血写春秋，酬我壮志慰生平！

今古史为鉴，观照论废兴。

巨龙一飞冲九霄，吟动满天云。

耻辱恨，一洗清，路畅通，方向明，

全面小康现代化，满怀新憧憬。

天下为己任，常怀赤子心。

万里山河一肩挑，击鼓振三军。

大时代，新使命，立潮头，搏风云，

国家民族和个人，一体万事兴。

历史新纪元，千里足下行。

振奋精气神，辉耀日月星。

路漫长，心恒定，锲不舍，步莫停，

自强不息勇者胜，有志事竟成。

鲲鹏扶摇九万里，

击水三千励人生。①

挥洒热血写春秋，

酬我壮志慰生平！

①鲲鹏扶摇九万里，击水三千励人生：语出《庄子·逍遥游》“鹏之徙于南冥也，水击三千里，抟（tuán）扶摇而上者九万里”句。意思是鹏鸟鼓动翅膀，结聚风力，乘风盘旋，直冲九万里云霄，翅膀拍击水面激起三千里的波涛。这里比喻豪情壮志，奋力上进，前途远大。

# 后　记

党的十八大以来，习近平总书记提出了一系列重要的治国理政方略，在奠定了社会主义核心价值观的思想基础之后，以如椽的大笔描绘了中国未来的美好前景——民族伟大复兴的中国梦。习总书记特别强调文化在民族发展进程中的作用，精辟地指出，没有文明的继承和发展，没有文化的弘扬和繁荣，就没有中国梦的实现。因此，从某种意义上说，中国梦的实现就是对中华优秀文化的继承、发展和创新。习总书记高瞻远瞩，明确指出，实现中华民族伟大复兴的中国梦，希望在今朝，未来在青少年。

为了给当代青少年编写一本全面、系统、精准地诠释中国梦的通俗普及教育读物，广西文化产业投资集团有限公司与广西民族出版社联合成立了《中国梦·新歌谣》编写组。在近一年的时间里，编写组通力合作，翻阅大量文献和中央文件，严格按照中央有关文件精神精心创作，数易其稿，编成了这本思想理论高度集中、文学艺术色彩浓郁的歌谣读本——《中国梦·新歌谣》，展示了习总书记关于中国梦的宏伟思想架构——中国梦的基本内涵、实现中国梦的正确路径、中国梦与世界梦的关系等。《中国梦·新歌谣》在艺术形式上继承和借鉴民族优秀艺术传统，以青少年喜闻乐见的新歌谣形式，诠释、宣传中国梦的深刻思想，引导广大学生深刻领会伟大复兴是中华民族近代以来最伟大的梦想，深刻领会个人的前途命运与国家和民族的前途命运紧密相连，深刻领会空谈误国、实干兴邦的道理，在探索以文学形式承载政治内容方面再次进行了新的尝试。

该书由罗红创意，朱俊杰、顾才源共同策划，由一方、冯仲平、张祖寿等共同创作编写，杨春曦、梧磊插画。该书在编写过程中，万兴伟、常近、聂方舒参与了资料的收集和注解的编写等工作，广西民族出版社徐美、罗桂鸾、韦秀美、吴柏强、杜洪等参与了本书的配图和编校等工作，在此一并感谢。书中不足之处难免，敬请专家与读者批评指正。

中国梦的实现，需要广大学生坚定理想信念，励志刻苦学习，做“敢于有梦、勇于追梦、勤于圆梦”的人，积极投身于社会实践，为建设好我们的国家努力奋斗，为实现中国梦激发强大的青春能量！

《中国梦·新歌谣》编写组

2016年3月